LES TABLETTES ROYALES,

OV

AVTREMENT LES

Septante deux preceptes du Diacre
Agapet, donnez à l'Empereur Iustinian: tournez de Grec en François,

Par IEAN BAPTISTE RICHARD
DIIONNOIS:

Et dediés au Roy Tres-Chrestien LOVYS
XIII. *de ce nom, Roy de France
& de Nauarre.*

A PARIS,
Chez ANTOINE CHAMPENOIS, au
Griffon d'Or deuant le Palais.

M. DC. XIV.
AVEC PRIVILEGE DV ROY.

*Hunc saltem euerso iuuenem, succurrere sæclo,
Ne prohibete: satis iampridem sanguine nostro,
Laomedonteæ, luimus periuria Troiæ.*

Virgil. 2. Georg.

AV ROY
TRES-CHRESTIEN.

SIRE,

Il n'y a personne, a qui l'estude des bonnes lettres, & mesmement de la sacree Philosophie, appartiene tant qu'aux Roys : Car Hercules estoit Philosophe, comme l'a remarqué Seruius: Dauid & Salomon estoient sçauans; Romulus, Alexandre, et Scipion l'Affricain, et Mithridat; pour en laisser vn monde d'autres : Cesar & Germanicus qui tourna les vers d'Aratus de Grecs en vers Latins, & Domitian mesmes, duquel se voyent tant de beaux vers & Epigrammes dans Martial. Et pour parler de vos

ã

AV ROY.

predeceſſeurs : Le Roy Charlemagne, qui compoſa vne Grammaire, et qui donna le nom en Alleman, aux douze vents. Et le Roy Sainct Louys, qui releua l'Vniuerſité de Paris, & la remit en ſa premiere ſplendeur : Et le Roy Charles cinquieſme et le Roy Charles ſeptieſme qui fit reduire par eſcrit les Couſtumes, & tourner la Bible en François, ſous lequel fut la Pragmatique ſanction : Et le feu grand Roy François I. duquel ſe voyent de beaux vers François, à la MARGVERITE des Marguerites ſa ſœur voſtre grande ayeule : & vn liure par luy compoſé de la diſcipline Militaire, & vn Sonnet riche & elegant deuant les Sonnets de Petraque. Et Philippes de Commines, dit qu'il ne ſçauroit arriuer vn plus grand mal en vn Royaume, que d'vn Prince ignorant. Comme au contraire, c'eſt le ſalut des Royaumes que la vraye ſcience et intelligence en vn Roy : & dont ſont tant de belles inſtructions de

AV ROY.

gens doctes aux Roys: De Platon, d'Aristote à Alexandre, d'Isocrate à Demonique, ou au fils de Demonique, de Xenophon à Cyrus, non pas Cyrus le grand, dont les Roys sont appellez CYRES, mais de Cyrus le mineur, qui fit la guerre à Artaxerxes son frere: qui est ceste celebre Cyropædie, qui se peut appeller vrayement le liure des Roys: & d'Agapet Diacre à Iustinian. D'entre toutes lesquelles ayant recogneu ceste derniere, comme supprimee, & neantmoins la plus singuliere, comme estant Chrestienne: i'ay pensé que ie ne ferois point chose desagreable à vostre Majesté, de luy faire reuoir le iour, & encor pour seruir à plusieurs, l'habiller à la Françoise: Pour se recognoistre, en vous renaistre le siecle heureux de tous ces grãds Princes & Roys: mesmement pour cest amour des sciences & bonnes lettres, ausquelles à leur exemple vous vous addonnez, sous les auspices de la ROYNE

AV ROY.

vostre sage et vertueuse mere, qui tient la main à vous y faire instruire: à l'exemple de la vertueuse & sage Royne Toscane, Amalasunthe, tant reueree & honorée de ce grand Empereur Iustinian, qui y fit instruire Athalaric son fils: qui fut Roy en mesme aage que vous, à sçauoir à l'aage de huict ans: Et pour retourner encor en vous et en vostre regne, tous les mesmes accidens et particularitez du Regne de ce grand Roy sainct Louys, & les mesmes trauerses qui s'y virent, que vous surmonterez à l'aide de ce grand Dieu, comme luy, par vostre magnanimité, en recompensant les bons, & punissaut les mauuais: comme de ces deux extremes, le loyer & la peine, ainsi que de deux fermes colomnes, consistent & subsistent (ainsi qu'a dict Solon) les Estats des Royaumes et Republiques: Et que l'on dira de vous ce qui a esté dit de ce grand Roy Charles

AV ROY.

septiesme, durant son regne: Il releua Iustice, et la remit en nature, qui de long temps auoit esté abbaissee, & obmise. Il osta toute pillerie du Royaume, pourueut à expeller la diuision & schisme de l'Eglise: Tellement que par son pourchas, bonne paix, vnion et concorde y ont esté mis: & ce qui se dict encore dans l'histoire Normande du Duc Guillaume, qui fut Roy d'Angleterre: Le Duc Guillaume gouuerna pacifiquement son pays & subjects, loüa & seruit Dieu, fit administrer bonne iustice, & punir les malfaicteurs, Remunera les bons. Ce liure est appellé, Les Tablettes Royales, pource que Iustinian l'auoit tousiours en ses mains. Ie n'en suis que le Translateur & porteur, & le vous consacre, SIRE, comme vous appartenant, autant qu'à ce grand Empereur, duquel vous serez imitateur, portãt l'Aigle en vostre targue, & la Chouëtte en vostre lance; chose dite du Roy Hieron autrefois. Ie prie Dieu

AV ROY.

le Createur, SIRE, qu'il vous doint toute felicité, prosperité, accroissement de ses graces, longue et heureuse vie, & victoire de vos ennemis.

Vostre tres-humble, & tres-deuotieux, & plus affectionné subjet, & seruiteur de vostre Auguste Majesté,
IEAN BAPTISTE RICHARD.

LES TABLETTES
ROYALES, OV AVTRE-
ment les Septante deux Preceptes
du Diacre Agapet, donnez à l'Empereur Iustinian; tournez de Grec
en François, Par Iean Baptiste
Richard Dijonnois.

Et dediez au Roy Tres-Chrestien LOVYS
XIII. *de ce nom,* ROY *de France
& de Nauarre.*

CHAPITRE PREMIER.

SIRE,

Puis que vous estes esleué au premier & plus excellent honneur de toutes les dignitez, reuerez & recognoissez sur toutes choses Dieu, qui vous en a rendu digne, pour ce qu'il

A

vous a mis en main le Sceptre de la puissance terrestre, à la ressemblance du Royaume celeste, à fin que vous appreniez aux hommes comme il faut garder la Iustice & l'equité, & qu'obeyssant à leurs loix, regnant equitablement sur vos subiects, vous chassiez ceux qui enragez contre elles, ne cessent de les abbayer.

Chap. II.

Le clair-voyant entendement d'vn Roy, veille continuellement ainsi qu'vn Pilotte, tenant en seureté le gouuernail d'Equité, & repoussant viuement les vagues d'Iniquité, à fin que la barque de la Republique n'aille à fond soubs les flots d'iniustice.

Chap. III.

Nous autres hommes sommes endoctrinez de nous cognoistre nous-mesmes, par vn diuin & principal precepte: & celuy qui se congnoist soy-mesme cognoist Dieu, & celuy qui cognoist Dieu, sera faict semblable à Dieu, & celuy sera faict semblable à Dieu, qui est faict digne de Dieu, & celuy est faict digne de Dieu, qui ne faict rien indigne de Dieu, mais a en sa pensee les choses qui sont de luy, disant ce qu'il pense, & faisant ce qu'il dict.

Chap. IV.

Que personne ne se glorifie en la Noblefse de ses predecesseurs : car chacun doit recognoistre le limon de la terre pour tige de sa race, autant ceux qui s'en orgueillissent en leur robbe d'escarlatte & velours cramoisy, que les autres qui sont affligez de pauureté & maladie, & ceux qui ont les testes ceintes de diadesme, comme ceux qui couchent sur la dure, ne nous glorifions donc de nostre race fangeuse & terrestre : mais faisons nous valoir ce que nous nous estimons, par nos bonnes mœurs.

Chap. V.

Sçachez ô Medaille de pieté moullee de la main de Dieu, que d'autant que vous estes honoré de beaucoup de graces par sa liberalité diuine, d'autant plus luy estes vous redeuable de retribution, Rendez donc le deuoir & debte de recognoissance au bien-facteur, qui reçoit la debte que vous luy payez comme vne grace ou bien faict, en rendant grace pour grace : Car c'est celuy qui est tousiours le principe & commencement des biensfaicts, & rend ses graces comme s'il les debuoit : mais il requiert vne action de grace de nous, qui ne soit point par oblation de bonnes paroles, mais par oblation d'œuures pieuses.

Chap. VI.

Il n'y a rien qui rende l'homme plus re-

A ij

commandable & admirable enuers Dieu, que le pouuoir de faire sa volonté, & qu'il veuille & face tousiours les œuures plaines d'humanité; Puis dõc que Dieu vous a dõné la iouyssance de laquelle il estoit besoin que vostre bonne volõté fut accompagnee, pour vostre respect ne veuillés & ne faites aucune chose qui ne soit aggreable à celuy qui vous en a esté liberal.

Chapitre VII.

L'inconstante richesse des biens terriens, imite le cours des riuieres, abondans pour vn peu de tẽps à ceux qui les pensent posseder; puis soudain en s'écoulant passans à d'autres: mais le seul tresor des bonnes œuures, est ferme & perdurable à ceux qui le possedent: car les graces des biens-faicts retournent à ceux qui les font.

Chap. VIII.

Vous estes mal acostable & de difficile acces aux hommes, à cause de la hautesse de vostre Royauté terrienne: Mais vous vous rendez accessible & acostable à ceux qui en ont besoing, pour le respect de la puissance superieure & celeste, & prestez l'oreille à ceux qui sont assiegez de misere, à fin que vous trouuiez l'ouye de Dieu ouuerte en vostre endroict: Car nous trouuerons nostre Seigneur tel enuers nous, que nous aurons esté enuers ceux, qui ont esté ses seruiteurs comme nous.

Chap. IX.

Il faut que l'ame du Roy soucieuse de son peuple soit tenuë nette comme vn miroir, à fin qu'elle esclaire & reluise tousiours de rayon diuin: & que de là elle approuue la decision & resolution des affaires: car rien ne luy faict si clairement apperceuoir ce qu'il est besoing de faire, que la conseruer tousiours pure & nette.

Chap. X.

Comme sur mer la faute d'vn Mattelot n'apporte qu'vn petit dommage à ceux qui voyagent auec luy, & de la faute du Pillotte ou patron s'ensuit l'entiere perte du vaisseau, ainsi quand en vne ville quelqu'vn des subjects commet vne faute, il ne faict pas si grāde faute au commun qu'à luy-mesme: Mais si c'est le Prince mesme, il apporte dommage à toute la Republique, dont comme estant subject à souffrir tant de dommageable peine, si par negligence il laisse passer ce qu'est de son deuoir, il faut qu'il prenne vne extreme garde, & diligence à tout ce qu'il debura dire ou faire.

Chap. XI.

Les affaires humaines tournoient par vne certaine reuolution qui les porte & reporte maintenant d'vne façon, puis apres d'vne autre: & ce treuue en elles grande inegalité, pour ce que rien des choses presentes ne demeure en vn mesme estat; Parquoy, ô Roy Tres-puissãt en ceste legere mutabilité des choses, il est besoing que vous soyez pourueu d'vne constãte pensee, & non muable imagination de pieté.

Chap. XII.

Eslongnez de vous les trompeurs, & feintes paroles des flateurs, comme les façons & mœurs des rauissants corbeaux: Car ceux-cy creuent & arrachent les yeux des corps, mais les flateurs esblouyssẽt les imaginatiõs & ratiocinations de l'entendement, ne luy permettant d'apperceuoir la verité des choses: Car où ils loüent aucunesfois ce qui est digne de blasme & reprehension, où souuent ils blasment ce qui est digne de toute loüange, tellement que de deux fautes il en commettent l'vne, ou loüans, ce qui est meschant, ou iniuriant, & blasmant ce qui est loüable & vertueux.

Chap. XIII.

L'entendement d'vn Roy doit tousiours estre en vn mesme estat: car c'est signe d'vn esprit trop volage & inconstant de se laisser transporter legerement par la mutation des affaires: mais s'afficher fermement aux bonnes choses comme vostre Empire sainct & plain de pieté, y est fermement & solidemēt appuyé, & ne s'esleuer ou enfler par arrogance, ny aussi s'abbaisser par pusilanimité & faute de courage, c'est la façon de ceux qui sont bien & seurement fondés, & qui ont l'ame constante & non muable.

Chap. XIV.

Si quelqu'vn a la pensee bien nettoyee de toute humaine tromperie, & s'il contemple la vileté de sa nature, la bresueté & soudaine fin de ceste vie, & les ordures qui font continuelle compagnie à ceste chair, il n'aura garde de tomber au precipice d'orgueilleuse insolence, combien qu'il soit esleué au plus haut degré d'honneur.

Chap. XV.

Par dessus toutes les choses glorieuses du Royaume, la Couronne de la pieté orne le Roy; Car les richesses s'en vont, & la gloire se passe : mais la gloire des diuines graces de Dieu, s'estent auec les siecles, immortelle, & arreste celuy qui l'a outre les termes de l'oubly.

Chap. XVI.

Il me semble estre mal à propos que les hommes riches & pauures souffrent semblable dommage, de choses toutesfois dissemblables & differentes : car les riches creuent de se trop saouller, & les autres meurent de faim, Ceux-là estendent leurs possessions iusques au bout du móde: & les autres n'ont pas de terre propre pour asseoir les plantes de leurs pieds : Pour donc faire que les vns & les autres se portent bien, il les faut medeciner par substration, & addition, & reduire l'inegalité, en egalité.

Chap. XVII.

Le temps de la vie bien heureuse, lequel quelqu'vn des aniciens auoit predit de uoir estre quát les Philosophes regneroient ou les Roys Philosopheroient, se manifeste à nous maintenant : veu qu'en philosophant vous auez esté dignement honoré de la Royauté, & encores en regnant & gouuernant vostre Empire, vous ne cessez de Philosopher: car si aymer la Sapience faié la Philosophie, & si le commencement de la Philosophie est la crainte de Dieu, laquelle vous auez continuellemét en vostre cœur il est tout clair que ce que ie vien de dire est veritable.

Chap. XVIII.

Ie deffinis, pour la verité le Roy, celuy qui sçait regner & seigneurier sur ses voluptez, & qui est couronné de la couronne de prudence, & reuestu du pourpre de iustice car toute autre puissance n'a succession &
continuation

continuation que la mort, mais telle Royauté que la voſtre, ſe conſerue en vne immortelle duree, & demeure affranchie, & deliuree
de l'eternelle punition: l'autre eſtant ſubjecte
à prendre fin & diſſolution en ce ſiecle.
CHAP. XIX.

Si vous voulez auoir ce bien d'eſtre honoré de tous, rendez-vous commun bien-
facteur à tous: car il n'y a rien qui attire tant
la bien-veuillance que la gratieuſeté des
biens-faicts; donnez à ceux qui en ont be-
ſoing: Mais les bons offices faicts par crainte, ne rapportent qu'vne faulſe & diſſimulee
flaterie, deceuant ſoubs le feint nom d'honneur, ceux qui y appliquent leurs eſprits.

CHAP. XX.

Voſtre Royauté eſt à bon droict venerable: car elle faict ſentir ſa puiſſance aux ré-
belles & ennemis, & faict part de ſon humaine liberalité à ceux qui ſont obeyſſans, ainſi
demeurant victorieuſe par forces d'armes de
ceux-là: elle ſe laiſſe vaincre par la bien-
veuillance d'eſarmee & bien affectionnees
volontez de ſes bons ſubiects: eſtimant qu'il
y a autant de difference entre les rebelles &
obeyſſans, qu'il y a entre les loups & les bre-
bis.

CHAP. XXI.

Le Roy eſt quant à la ſubſtance du corps

B

egal à tous les autres hommes : Mais il est semblable à Dieu qui est par dessus toutes choses, quant à la puissance de sa dignité : car il n'y a rien en la terre de plus haut que luy : il faut donc entant qu'il a de ressemblance à Dieu, qu'il n'exerce point son ire : & entant qu'il est homme, qu'il ne s'enfle ny esleue point trop insolemment : car combien qu'il soit honoré de resemblance Diuine, si est-il entre-meslé parmy l'Image terrestre, dont il est enseigné de l'egalité qu'il doit garder auec tous les hommes.

Chap. XXII.

Faictes gracieux recueil à ceux qui voudront vous donner profitable conseil, & non pas à ceux qui s'estudient ordinairemēt de flatter : car ceux là apperçoiuēt & cognoissent vrayement ce qui est vtile, & les flateurs regardēt seulement ce qui est agreable au Prince, & imitans les ombres des corps, s'accommodent & accordent à tout ce qu'ils disent.

Chap. XXIII.

Soyez tel à l'endroict de vos seruiteurs, que vous souhaittez que le Seigneur soit enuers vous, car nous serons escoutez comme nous escouterons, & de mesme façon que nous regarderons les autres nous serons aussi regardez par l'œil diuin & tout voyant auançons nous donc les premiers d'estre misericordieux, à fin que nous en receuions la pareille.

CHAP. XXIV.

Ainsi que les bons miroirs representent les figures ou images tels que sont les propres visages, à sçauoir les clairs & nets, les visages ioyeux : & les obscurs, les tristes & embrunches, aussi le iuste iugemēt de Dieu se faict semblable à nos actions, nous rendāt tousiours de mesme de tout ce que nous faisons à autruy.

CHAP. XXV.

Consultez tout à loisir ce que vous aurez à faire, & mettez diligemment en execution ce que vous aurez resolu, pour ce qu'il est fort douteux & dangereux de faire les choses imprudemment & sans consideration : car si quelqu'vn prend garde aux maux qui aduiennent par la faute de Conseil & imprudence, il cognoistra le profit qu'apporte la prudence & bon aduis : comme apres l'experiēce de la maladie l'on sent mieux le plaisir de la santé. Donques, Roy Tres-prudent, il vous faut d'vn industrieux & diligent conseil, & auec continuelles & ardentes prieres à Dieu, rechercher diligemment tout ce qui est necessaire & vtile pour le gouuernement de tout le monde.

CHAP. XXVI.

Vous disposerez bien & prudemment les affaires de vostre heureux Royaume, si vous prenez diligēment garde à tous, & si vous ne laissez passer aucune chose negligemment: car rien n'est petit pour vostre respect, combien que quelque chose le puisse sēbler estre pour le respect de vos subjects: & la moindre parole d'vn Roy a vne tres-grande force enuers tous les autres hommes.

CHAP. XXVII.

Imposez-vous à vous mesme la necessité d'obeyr aux loix, puis qu'il n'y a personne sur la terre assez puissant pour vous y contraindre: Car par ce moyen vous monstrerez la reuerence que l'on leur doibt en les craignant & honorant vous mesme le premier, & si apparoistra à vos subjects, combien il est dangereux de les enfraindre.

CHAP. XXVIII.

Croyez que c'est tout vn de pecher, & de ne point chastier les pecheurs: Car si quelqu'vn administre sa republique selō les loix, & souftiēt neantmoins ceux qui viuent cōtre les loix, il sera iugé deuant Dieu complice des meschans: si donc vous voulez doublement acquerir grande loüange & reputation, honorez les gens vertueux & bien faisans, & punissez aigrement les meschans & vicieux.

CHAP. XXIX.

J'ay oppinion qu'il est fort profitable de fuyr la familiere conuersation des vicieux, car il est necessaire que celuy qui pratique ordinairement les meschans hommes, souffre ou approuue quelques meschancetez: Mais celuy qui communique auec les bons, où il est institué d'ensuyure les bonnes choses, où il aprend la diminution des mauuaises.

CHAP. XXX.

Puis qu'il a pleu à Dieu de se fier en vous du gouuernement de l'Empire de ce monde, ne vous seruez de personne meschante en l'administration des affaires: Car celuy sera comptable deuant Dieu de leurs mauuaises œuures, qui leur en aura mis la puissance en main: il faut examiner tres-curieusement ceux qui doiuent estre pourueuz de quelque office ou magistrat.

CHAP. XXXI.

Ie pense que sont semblables fautes de s'irriter impatiemment des mauuais offices, que font les ennemis, & de se laisser aller aux flateries des amys: Car il faut genereusement resister aux vns & aux autres, sans aucunemēt s'eslongner de la bien-seance & du deuoir, & ne se vanger de la desraisonnable malueillance de ceux-la, ny penser à recompen-

B iij

ser la feinte bien-veillance de ceux-cy.

CHAP. XXXII.

Estimez les vrays amis, non ceux qui loüent tout ce que vous dictes, mais bien ceux qui taschent de faire toutes choses iustes auec bon iugement, & qui se resiouyront auec vous de toutes bonnes œuures & vtiles, comme aussi qui seroit marris des contraires, car ceux-la demonstrent vn tesmoignage de la vraye amitié qu'ils ont.

CHAP. XXXIII.

Il ne faut pas que la hautesse de la charge que vous auez de ce Royaume terrien, apporte quelque changement à vostre magnanime esprit: mais recognoissant la fragilité de l'Empire que vous administrez, ayez aux affaires muables, l'entendement immuable, ne vous esleuant insolemment en vos prosperitez & allegresses, & ne vous à villissant en vos tristesses & afflictions.

CHAP. XXXIV.

Ainsi que l'or par artifice diuersifié en diuerses figures, & transformé en plusieurs sortes d'ornemens & ioyaux, demeure tousiours ce qu'il est, & ne souffre aucune mutation de sa substance: Ainsi vous Roy Tres-illustre, qui auez esté auancé de l'vne à l'autre grandeur de principauté, & en fin estes paruenu en ce plus haut & esleué grade d'honneur, demeurez touſiours vous meſmes, & maniant ſi grandes & differentes diuerſitez d'affaires maintenez touſiours conſtamment en toute bonté, voſtre eſprit immuable.

CHAP. XXXV.

Croyez que vous regnez en ſeureté, quád vos hommes vous obeyſſent volontairement : car ceux qui ſont aſubiectis contre leur vouloir, prennent facilement l'occaſion de ſe rebeller, & entrer en ſedition : Mais ceux qui ſont obeyſſans par les liens de bienveuillance, portent vn plus conſtant reſpect à ceux qui leur commandent.

CHAP. XXXVI.

Si vous voulez rendre la puiſſance de voſtre regne celebre, eſtimez qu'il vous faut eſtre autant courroucé des fautes que vous faictes, que de celles de vos ſubjects : Car perſonne ne pourra remonſtrer à vn homme eſtant en grande authorité, ſi ce n'eſt la propre raiſon de luy meſme qui a peché.

CHAP. XXXVII.

Quiconque eſt en grande authorité doit ſelon ſon pouuoir imiter celuy que la luy a donnee : Car s'il porte l'image de Dieu, qui eſt ſur toutes choſes, & maintient de par luy ſon pouuoir ſur tous les autres, il enſuiura principallement Dieu, en ce qu'il n'eſtimera choſe plus loüable ny deſirable, que d'eſtre miſericordieux.

CHAP. XXXVIII.

Amaſſons pour nous vn threſor des richesſes de beneficence, pluſtoſt que de l'or ou des pierres precieuſes: Car tel threſor nous apporte non ſeulement vne grande delectation en ceſte vie, pour l'eſperance du futur côtentement: mais auſſi apres la mort: nous fera gouſter vne extreme douceur, par la iouyſſance de la felicité eſperee. Quãt aux richeſſes têporelles, leſquels ſont maintenant en noſtre puiſſance, il ne nous y faut point addonner ny prendre plaiſir non plus que ſi elles ne nous appartenoient aucunement.

CHAP. XXXIX.

Eſtudiez vous de recognoiſtre & recompenſer par beaux & riches dons, ceux qui de bonne volonté mettront en execution vos commandemens: Car par ce moyen vous accroiſtrez la promptitude du courage des bons, & inſtruirez les mauuais à deſaprendre la malice: Auſſi eſt choſe trop inique d'honnorer de ſemblable recognoiſſance ceux qui ne font pas ſemblables œuures.

CHAP. XL.

La plus honnorable choſe qui ſoit c'eſt la Royauté, principallement quand celuy à qui ceſte puiſſance eſt attribuee, ne s'incline a l'opiniaſtreté & arrogance: mais a touſiours

deuant

deuant les yeux la modestie & equité, fuyāt la cruauté comme chose brutale, & se monstrant plein d'humanité comme chose belle, & diuine.

Chap. XLI.

Faictes iustice egallement à vos amys, & à vos ennemis, ne fauorisant ceux qui vous sont bien affectionnez pour le respect de leur bien-veuillance, ny contrariant à ceux qui sont vos ennemis, pour raison de leur inimitié: Car il est aussi mal-seant de iustifier vn meschant, combien qu'il vous soit amy, que de faire tort à vn qui a droict, combien qu'il soit vostre ennemy: Aussi le peché est semblable à l'vn & à l'autre, combien qu'il y ait cōtrarieté en ceux qui y sont subjects.

Chap. XLII.

Ceux qui sont employez au iugement des affaires, doibuent tout ouyr attentiuement, & prudemment: Car la question de l'equité est difficile, & la rencontre malaisee, d'autant qu'elle éuanoüit facilement de ceux qui ny prennent fort diligemment garde: mais si ne s'arrestans point en la grauité, & au bien dire de ceux qui parlent, ny aux paroles specieuses, & vray semblable, ils s'enfoncent en la profondeur des pensees d'imaginations, ils puiseront ce qu'ils

C

cherchent, & euiteront vne double faute, ne trahissans point la Iustice, & ne permettant point aussi de ce faire.

Chap. XLIII.

Si vous auiez faict autant de bonnes œuures qu'il y a d'Estoilles au Ciel, vous ne sçauriez toutesfois surmonter la bonté de Dieu: Car quiconque offre à Dieu, il ne luy offre que ce qui vient de luy, & qui est desia de luy: & tout ainsi qu'il n'est pas possible à personne de passer par dessus son ombre, tournee contre le soleil qui s'aduance & va tousiours deuant: Aussi iamais les hommes ne surmonteront par leur bonnes œuures la bonté, & benignité insuperable de Dieu.

Chap. XLIIII.

Les richesses des bonnes œuures ne se peuuent espuiser: car en les donnant on en prend, & en les espanchant on en amasse, donc les ayant en vostre esprit: ô Roy tresliberal, donnez en abondamment à tous ceux qui vous en requerront: Car vous aurez apres infinies recognoissances, quand le temps de recompenser les œuures sera venu.

Chap. XLV.

Puis que vous auez receu le Royaume par la volonté de Dieu, vous le deburez en-

[...]tre en bonnes œuures, pour ce que vous
[e]s maintenant du rang de ceux qui ont
puissance de faire du bien, & non pas de
ceux qui ont besoing que l'on leur en face.
Car l'abondance des richesses que vous
auez en main, est pour n'estre empesché
de faire du bien aux pauures, & necessiteux.

Chap. XLVI.

Comme l'œil est naturellement au corps, ainsi Dieu applique le Roy au monde, comme duisant pour l'administration & maniment de tout ce qui est profitable: Il faut donc qu'il prenne garde à tous les hommes, comme à ses propres membres, à fin qu'ils soient tous aduancez en bien, & qu'ils ne soient atterrez aux maux.

Chap. XLVII.

Estimez que la plus grande & seure conseruation de vostre salut, est de ne faire iamais tort à aucun de vos subjects: Car celuy qui ne faict tort à personne n'est aussi en crainte ou soupçon de personne, or si l'asseurance & seureté s'aquiert en n'offençant personne, croyez qu'elle s'aquiert beaucoup mieux par les biens-faicts, & liberalitez: car si l'vne de ces choses donne la seureté, l'autre adiouste l'amitié & la bonne grace.

C ij

Chap. XLVIII.

Roy Tres-Chrestien & tres religieux, soyez redoutable à vos subjects, pour la grandeur & excellence de vostre authorité : & aymable pour les biens-faicts de vostre liberalité, n'entrez en oppinion de faire peu de cas de leur crainte, pour ce qu'ils vous ayment & tiennent cher, & ne desdaignez aussi leur amitié : pour ce qu'ils vous craignent : Mais rendez-vous gracieux & affable, en telle sorte toutesfois qu'ils ne vous desdaignent, abusant de vostre familiarité, & soyez familier de telle façon, que neantmoins vous sembliez tousiours redoutable.

Chap. XLIX.

Vous auez esté tousiours le premier à monstrer & executer par effect à vos subiects, les establissements lesquels vous auez ordonnez par paroles, à fin que vostre bonne & salutaire vie, ayde & renforce vos paroles persuasiuent : car vn moyen de faire apparoistre vostre regne loüable & venerable, c'est d'accompagner vos raisonnables discours de l'execution, & l'execution de bonne raison.

Chap. L.

Serenissime Roy cherissez plus ceux qui par supplications veulent auoir quelque faueur de vous, que ceux qui s'estudient à vous faire des presens: car vous demeurez obligé de recompenser ceux-cy: Et les autres rendent Dieu vostre redeuable: qui faisant son propre debte des biens qu'ils ont receu de vous, recognoist auec bonne recompense vostre saincte & humaine intention.

CHAP. LI.

L'office du Soleil est d'illuminer de ses rayons ceste fabrique vniuerselle, & la vertu d'vn Roy d'estre misericordieux aux indigens, & est de tant plus illustres vn Roy plein de pieté: car le Soleil faict place à la succession de la nuict, & le Roy ne permet point la rapine des meschans auoir lieu, chastiant par la lumiere de verité, les œuures clandestines & secrettes d'iniquité.

CHAP. LII.

L'Estat du Royaume a honoré les Roys qui vous ont precedé: Mais vous, Prince tres-puissant, l'auez illustré, attrempant par vostre courtoisie la pesanteur du fais de ceste grande puissance, & par vostre benignité surmontant la crainte de ceux qui se doiuent presenter à vous: parquoy tous ceux ausquels il y a pitié, taschent d'arriuer au port de vostre tranquilité, puis eschappez des flots de misere, vous addressent des

C iij

hymnes de remerciement, & action de graces.

Chap. LIII.

D'autant que vous estes esleué en plus haute dignité que tous les autres, efforcez vous aussi de reluire en bonnes œuures par dessus tous, & croyez que vostre excellente authorité, requiert vne execution de bonnes œuures, proportionez à la grandeur de vostre puissance, pour donc estre declaré victorieux de la bouche de Dieu, auec la couróne de l'inuincible Royauté, acquerez l'ornement de bien faire, & estre aumosnier aux pauures.

Chap. LIV.

Considerez bien vos volontez auant que de les commander : à fin que vous ordonniez prudemment ce qui sera bon & licite de faire: car la langue est vn instrument glissant, & qui apporte vn tres grand peril à ceux qui prennent garde, comme il s'en faut seruir : Mais si vous luy donnez le bon sens & l'entendement religieux, comme pour Gouuerneur & Maistre de Musique, elle touchera vne melodie, de vertu en parfaicte harmonie.

Chap. LV.

Le Potentat doibt estre aigu & promp en toute chose, principallement aux reso

uons des affaires difficiles, & de grande
importance, & se doibt monstrer fort lend
& tardif à l'irre & colere: Toutesfois pource qu'el'estre du tout sans courroux, est sub-
iect à mespris, qu'il se courrouse auec de la
mediocrité, & qu'il ne s'effarouche point,
à fin qu'il comprime la vehemēce des mauuais, & qu'il decouure, & recognoisse la dis-
cretion de viure des bons.

CHAPITRE LVI.

Considerez diligemment dans le curieux
conseil de vostre entendement, les mœurs
de ceux lesquels vous fauorisez de familiere conuersation, à fin que vous sçachiez
discerner exactement ceux qui vous seruent
de bonne & sincere affection, & ceux qui
vous flattent par tromperie: car plusieurs
faignant d'estre bons & fideles Conseillers,
nuisent tres-dommageablement à ceux qui
leur adioustent quelque foy.

CHAP. LVII.

Quand vous orrez quelque bon & profitable discours, ce n'est pas assez de seulement prester l'oreille, mais il faut que l'execution s'en ensuyue: car le moyen d'hono-
rer & illustrer la puissance d'vn Roy, c'est
qu'il apperçoiue de luy-mesme, ce qu'il est
besoin de faire, ou qu'il ne desdaigne de
prendre garde à ce que les autres auront in-

uenté, en outre qu'il ne soit point honteux d'apprendre ny tardif à executer.

CHAP. LVIII.

Vne citadelle fortifiee & asseuree demeure inexpugnable, mesprise, & ne craint le siege des ennemis: Mais vostre Majesté pitoyable emmuree de tant de misericordieux biens-faicts, & entournee de tant de deuotes prieres de vos subjects, ne peut estre vaincuë par l'artillerie des ennemis, contre lesquels vous dressez tant d'illustres, & immortels trophees.

CHAP. LIX.

Vsez bien & deuëment de ce Royaume inferieur, à fin qu'il vous seruent descalier pour monter à la gloire superieure: car ceux qui sçauent bien administrer cestuy-là, sont dignes de paruenir à celle-cy: Or sont de bons administrateurs qui monstrent à leurs subiects vne affection paternelle:& qui sont recogneus d'eux auec deuë crainte & obeissance, en corrigeāt les delices par menasses, & par surprise, ne leur ostant point le peril.

CHAP. LX.

Le manteau de bien faire est vn habillement qui ne s'vse ou enuieilly iamais, & l'affection pitoyable enuers les pauures, est vne robbe incorruptible: Il faut donc que celuy qui veut regner en pieté, pare son ame
de tels

de tels accouſtrement: car celuy qui eſt veſtu de pourpre d'hoſpitalité & pitié à l'endroit des pauures, eſt digne du Royaume des Cieux.

Chap. LXI.

Ayant eu de Dieu le Sceptre du Royaume, conſiderés bien comment vous pourrez complaire à celuy qui vous la donné, & tout ainſi que par ſur tous les autres hommes, il vous a eſleué a ſi grande dignité, faites auſſi diligence de le reueler & cognoiſtre plus que tous les autres. Il tient pour la plus grande recognoiſſance, ſi vous prenez plus garde à ſes creatures qu'à vous meſmes, & ſi comme pour l'acquictement de vos debtes, vous vous employez à bien faire.

Chap. LXII.

Tout homme qui deſire vn ſalut doit recourir au ſecours de la hault, mais principalement & par ſur tous autres, le Roy qui à la charge & ſolicitude de tous: car eſtant en la garde de Dieu il vaincra genereuſement les ennemis, & conſeruera diligemment ſes ſubiects.

Chap. LXIII.

Dieu n'a affaire de perſonne, & le Roy n'a affaire que de Dieu: imitez donc celuy qui n'a affaire de perſonne, & ſoyez liberale-

D

ment misericordieux à ceux qui vous en r[e]
quierēt : ne faisant rendre compte trop ex[a]
ctemēt à vos domestiques : Mais accordā[t]
leur prieres, donnez leur à tous moyen d[e]
viure : car il vaut bien mieux auoir pitié d[e]
ceux qui ne le vallent pas, en faueur d[e]
ceux qui le meritent bien, que priuer de[s]
fruicts de vostre bonté, ceux qui en son[t]
dignes, pour le respect de ceux qui ne la me
ritent pas.

Chap. LXIV.

Puis que vous demandez pardon de vo[s]
pechez, pardonnez aussi à ceux qui vous
ont offensé : car le pardon est recompensé
par le pardon : & Dieu nous rend son amour
& familiarité pour recompense de la reconciliation que nous faisons auec ceux qui
sont ses seruiteurs comme nous.

Chap. LXV.

Celuy qui desire regner innocemment &
vertueusement, doibt se contregarder des
infamies & blasmes que lon luy peut dōner :
& auoir honte de soy-mesme plus que de
tout le monde : à fin qu'il s'abstienne de
pecher appertement, pour la crainte d'autruy : & que sa propre conscience ne luy reproche de commettre quelque peché en secret & à part : car s'il se treuue entre les subjects des personnes qui sont dignes de quel-

que respect & reuerence, le Roy en doibt bien meriter d'auantage.

Chap. LXVI.

Ie dits que la meschanceté de la personne priuee, est de commettre des choses mauuaises & dignes de punition, & le vice du Prince est de ne pas s'employer à faire les bonnes & salutaires œuures: car l'abstinéce des mauuaises choses, ne iustifie pas le Potentat: mais ce qui luy met la couronne sur la teste, c'est l'execution des bónes: il ne faut pas donc que seulement il applique son entendement a se garder du vice, mais faut qu'il s'estudie à embrasser estroictement la vertu.

Chap. LXVII.

La mort ne respecte point l'excellence ou splendeur des dignitez: car elle accroche de ses dents gourmandes, toutes sorte d'hómes: Donc auant son impitoyable arriuee, transportons au ciel l'abondance de nos richesses: car personne allant en l'autre móde n'emporte auec soy ce qu'il a acquis en cestuy-cy: mais laisse tout à la terre, rendant tout nud, raison & compte de sa vie.

Chap. LXVIII.

Le Roy est Maistre de tous : mais si est-il auec que tous, seruiteur de tous : Et lors principallement il sera appellé Maistre,

D ij.

quand il se commandera soy-mesme, & ne s'asseruira aux vilaines infamies, & vilaines voluptez : Mais recourant à l'ayde de la religieuse raison, qui est imperatrice des desraisonnables & brutales passions, il surmótera auec les armes de continence, les indomptables affections, & cupiditez.

Chap. LXIX.

Comme les ombres fuyuent les corps, ainsi les pechez fuyuent les ames : Parquoy l'on ne les peut desaduoüer en iugement : car chacun est conuaincu de ses œuures : non par disposition de paroles : mais pource qu'elles se representent euidemment telles qu'il les a executees.

Chap. LXX.

L'Estat de ceste courte vie ressemble à la course d'vn nauire voyageant sur mer : & faisant petit à petit son cours : car ainsi est chacun de nous, conduit à son issuë de vie : Si donc il est ainsi, acheuons le cours des choses transitoires de ce monde, & accourons à celles qui sont infiniement perdurables.

CHAP. LXXI.

Donc l'homme superbe & arrogant ne s'enorgueillisse point comme vn Taureau fier en ses cornes esleuees : mais qu'il considere la substance & nature de la chair, à fin qu'il appaife la prefumption de fon ouurage: Car s'il eft deuenu priué fur la terre, il ne doit ignorer qu'il eft faict de terre, & que montant depuis la pouffiere iufques fur le thröfne, auec le tēps il defcendera du throfne pour retourner en terre & en pouffiere.

Chap. LXXII.

Donc Roy inuincible, employez vous toufiours diligemment: & comme ceux qui tachent d'aller au fommet d'vn efcalier ne ceffent de monter iufques à ce qu'ils foient arriués au dernier & plus hault degré. Auffi comportez-vous en telle forte, en la montée des vertus que vous puiffiez arriuer a la iouyffance du Royaume celefte, lequel vous vueille dōner & à la Royne voftre vertueufe mere, Iefus Chrift, qui eft eternellement Roy des Roys & de leur fubiects, Ainfi foit-il.

Fin des Tablettes Royalles.

Acheué d'imprimer le 21. Iuillet 1614.

Extraict du priuilege du Roy.

PAr grace & priuilege du Roy, il eſt permis à Anthoine Champenois Maiſtre Imprimeur à Paris, d'imprimer ou faire imprimer vn petit liure intitulé ; *Les Tablettes Royalles, ou autrement les ſeptante deux Preceptes du Diacre Agapet, donnez à l'Empereur Iuſtinian, tournez de Grec en François, Par Iean Baptiſte Richard Dijonnois :* Et deffences ſont faictes à tous Libraires & Imprimeurs d'imprimer où faire imprimer, vendre ny diſtribuer ledit liure ſans l'expres conſentement dudit Champenois, & confiſcation des exemplaires qui en ſeröt trouuez d'autres que ceux dudit Champenois & d'amende arbitraire, comme plus amplement eſt declaré auſdites lettres ; iuſques au temps & terme de trois ans finis & accomplis, à commencer du iour & datte que ledit liure ſera acheué d'imprimer. Donné à Paris le dixneufieſmc Iuillet, mil ſix cens quatorze, & de noſtre Regne le 5.

Par le Conſeil,

Signé   BRIGARD.

www.ingramcontent.com/pod-product-compliance
Lightning Source LLC
Chambersburg PA
CBHW060938050426
42453CB00009B/1077